LE RÉGIME POLITIQUE

AUX COLONIES

Paris.—Imp. Emile Voitelain et Ce, rue J.-J.-Rousseau, 61

LE
RÉGIME POLITIQUE
AUX COLONIES

RÉPONSE AUX ADVERSAIRES DES INSTITUTIOAS LIBÉRALES

AUX COLONIES

PAR

FRANÇOIS DE MAHY

Représentant de l'île de la Réunion à l'Assemblée nationale

PARIS
ARMAND LE CHEVALIER, ÉDITEUR
61, RUE DE RICHELIEU, 61

1872

Le travail qui va suivre, à l'exception du *post-scriptum* relatif à la brochure de M. Menche de Loisne qui est nouveau, a été publié en août et septembre dans l'*Avenir national*. Je le reproduis sans y rien changer, de l'avis et sur le conseil de beaucoup de personnes, que le sort des colonies intéresse. Je le présente à mes collègues de l'Assemblée nationale, et je sollicite leur bienveillance en faveur de ces petits pays français d'outre-mer si mal connus, si dignes cependant d'attirer la sérieuse attention de la mère-patrie.

LE RÉGIME POLITIQUE

AUX COLONIES

---

24 août 1871.

« Au nombre des institutions atteintes par la révolution
« du 4 septembre et dont la restauration est attendue, dans
« un avenir prochain, du pouvoir actuel, on doit compter
« le régime politique de nos possessions d'outre-mer. »

Telle est l'entrée en matière d'un factum en deux articles, publié par le journal la *Liberté*, contre les colonies.

Le régime politique qui a été *atteint*, mais non complè-
tement renversé aux colonies par la révolution du 4 septembre, et dont l'écrivain de la *Liberté* demande la pro-
chaine restauration, c'est tout simplement le régime impérial. L'auteur ne dissimule pas ses espérances. C'est le
retour au bon temps des sénatus-consultes de 1854 et de
1866, qu'il veut et qu'il pense obtenir. Le gouvernement
actuel (Assemblée nationale et pouvoir exécutif) « *a la mis-*
« *sion,* » dit-il, « *de réorganiser la France en réagissant*
« *contre les erreurs du 4 septembre.* » Le gouvernement
ne saurait manquer à sa mission. Il la remplira dignement
jusqu'au bout, il ne s'arrêtera pas à mi-chemin dans la

belle œuvre de réaction dont on daigne lui tracer le programme, et afin de ne pas encourir le blâme de l'écrivain de la *Liberté*, il va bientôt rétablir l'empire, non pas seulement aux colonies sans doute, ce serait insuffisant, mais aussi dans tout le reste du territoire français.

Notre but en répondant aux articles publiés par la *Liberté* n'est pas de convertir leur auteur. Nous respectons ses regrets, ses désirs, ses espérances, ses illusions, et nous le laissons comprendre au gré de sa fantaisie, et la chute de l'empire et la mission du gouvernement actuel. Nous nous bornerons à exposer, en aussi peu de mots que possible pour le public français qui connaît bien peu les colonies, ce qu'était aux colonies le régime politique dont la *Liberté* se fait l'apologiste :

Un gouverneur, investi de pouvoirs discrétionnaires tels, que le chef de l'État en France, empereur, roi ou président de la République, n'en possède pas d'aussi exorbitants (le gouverneur d'une colonie peut ordonner l'internement et même la déportation d'un citoyen sans jugement) ; — la population, absolument écartée de la gestion de ses affaires et de la surveillance de ses intérêts, le gouverneur, grand électeur, nommant à toutes les fonctions, même aux fonctions de conseiller général et de conseiller municipal ; — aucune représentation auprès du gouvernement métropolitain, si ce n'est par un *délégué*, nommé par les conseillers généraux nommés eux-mêmes par le gouverneur, et n'ayant que voix *consultative*, dans un comité *consultatif* près le ministère de la marine ; — la magistrature amovible et tout entière aux mains du pouvoir ; — pas de liberté de la presse.

Voilà le régime politique dont les colonies étaient dotées lorsque l'empire s'écroula en France, sous le poids de ses fautes et de ses crimes, au milieu de la catastrophe qu'il a provoquée lui-même et dans laquelle il a entraîné la nation. Le gouvernement du 4 septembre a-t-il porté sur ces institutions coloniales une main trop hardie et en a-t-il, comme on le lui reproche, bouleversé le système de fond en comble avec une coupable précipitation ? Tant s'en faut. Les pouvoirs discrétionnaires des gouverneurs subsistent, comme par le passé ; la magistrature est toujours amovible et continue à dépendre de l'administration, comme par le passé ; la législation sur la presse est la même que par le passé. Mais le gouverneur a cessé d'être grand électeur et la population a été remise en possession du droit que l'empire lui avait ravi, de prendre part à la gestion de ses affaires. C'est elle qui nomme maintenant, comme elle le faisait avant l'empire, ses conseillers municipaux, ses conseillers généraux et ses représentants dans les assemblées métropolitaines.

Là se borne la réforme opérée par le gouvernement de la défense nationale.

Certes, cette réforme qui fait jeter les hauts cris aux adversaires des colonies, à ceux qui s'étaient fait une douce habitude de les exploiter sans vergogne et sans miséricorde, cette réforme est considérable, et ce n'est pas nous qui chercherons à en atténuer la portée. Nous nous plaisons, au contraire, à reconnaître (et ce n'est que justice) que le gouvernement de la défense nationale a droit à l'éternelle reconnaissance des colonies. Mais il y a encore beaucoup à faire, et c'est au gouvernement actuel que reviendra l'honneur de rendre pleine et entière justice aux Français d'outre-mer.

Que veulent donc les colonies ? Elles ont des conseillers municipaux, des conseillers généraux et des députés, comme toutes les autres parties de la France, et cela ne leur suffit pas ? Non, et l'on en conviendra si on veut bien se rappeler ce que nous venons de dire de l'état de la magistrature, du régime de la presse et des pouvoirs des gouverneurs. Les colonies demandent que les pouvoirs des gouverneurs soient, non pas annulés, comme on le prétend, mais limités et définis, et qu'ils soient égaux, non supérieurs à ceux du chef de l'État en France, empereur, roi ou président. Elles demandent, non pas la liberté absolue de la presse, mais la législation en vigueur dans la métropole qui, sans désarmer l'administration, ne laisse pas la presse entièrement à sa merci. Elles demandent que le système impérial des avertissements, des suspensions et des suppressions arbitraires soit aboli et que la connaissance des délits de la presse soit attribuée aux cours d'assises, comme cela a lieu en France aujourd'hui et comme cela avait lieu aux colonies avant l'empire. Elles demandent enfin que leur magistrature soit rattachée à celle de la métropole, non pas pour l'affaiblir, assurément, mais pour qu'elle soit, au contraire, entourée du prestige, de la considération, des garanties qu'elle doit posséder, dans un intérêt social supérieur qui ne sépare pas l'intérêt de la magistrature de celui des justiciables.

Les réclamations des colonies, ose-t-on dire, sont inspirées par l'esprit révolutionnaire. Mais qu'y a-t-il donc d'inquiétant, d'excessif, de dangereux, et, puisqu'il faut employer ce mot, qu'y a-t-il de révolutionnaire dans les réformes que nous venons d'énumérer ? Nous ne l'apercevons pas, en vérité. Les colonies n'ont pas cessé un seul instant, depuis près de vingt années, d'en poursuivre l'accomplissement par toutes les voies légales, et le gouvernement impérial lui-même, cédant à une évidente nécessité, était sur le point de nous accorder ce que le gouvernement de la défense nationale a réalisé depuis, l'élection par le suffrage universel de nos conseillers municipaux et de nos conseillers généraux. L'Assemblée nationale, de son côté, a reconnu le droit des colonies à la représentation dans le parlement, et l'une de ses grandes commissions, composée des hommes les plus compétents, a adopté et formulé le programme des réformes coloniales (1). Le gouvernement enfin nous a fait à la tribune des promesses positives, et à l'heure où nous écrivons ces lignes, M. le ministre de la marine et M. le directeur des colonies, de concert avec les députés des colonies, s'occupent de faire droit aux aspirations si légitimes, si persistantes des populations françaises d'outre-mer, à leurs vœux tant de fois exprimés. Les adversaires des colonies, cependant, ne perdent pas courage, ils s'efforcent de tout remettre en question. Nous verrons, dans un prochain article, sur quels étranges arguments ils fondent leur prétention.

2 septembre 1871.

Nous avons fait connaître dans un précédent article les réclamations des colonies contre le régime politique dont elles veulent être délivrées. Le principal

____

(1) Commission de la marine composée de 45 membres. M. l'amiral La Roncière Le Noury, président; M. Dahirel, rapporteur.

argument qu'on leur oppose est celui-ci : « Les colo-
« nies sont des établissements dont la conservation est
« d'un intérêt de premier ordre pour notre commerce
« extérieur et surtout pour notre marine, tant militaire
« que marchande. » Or si on leur accorde les réformes
qu'elles réclament, si l'on ne se hâte de leur arracher
celles qu'elles ont déjà obtenues, et surtout si on leur
permet d'avoir des représentants en France, les colonies
sont perdues pour la France.

— Pourquoi ces réformes amèneraient-elles la perte
des colonies ?

— C'est, continuent nos adversaires, parce que,
remettre aux colonies la direction de leurs affaires
locales et les faire participer à la direction des affaires
nationales, c'est leur donner des droits politiques, c'est
les mettre sur le même pied que les autres parties du
territoire, c'est *assimiler* la France d'outre-mer à la
France continentale. Or l'assimilation est une chose on
ne peut plus dangereuse et contraire au tempérament
des colonies. Elles ne sont pas assez civilisées, pas
assez mûres pour supporter un régime de liberté. Elles
en useraient pour faire du désordre et se rendre indé-
pendantes. A ces pays exceptionnels, il faut des lois
d'exception. Toute idée d'*assimilation* doit être rejetée.
La règle absolue de tout bon système colonial, c'est
l'*autonomie*.

— Mais qui dit *autonomie* dit indépendance, faculté
de faire ses lois, de se gouverner soi-même, libre et
plein exercice des droits politiques. Vous qui redoutez
l'indépendance des colonies et qui trouvez que le peu
de liberté qu'on vient de leur rendre est déjà beaucoup

trop, comment pouvez-vous songer à les faire auto-
nomes?

— Il ne faut pas l'entendre de cette façon, répliquent
nos adversaires. Il y a autonomie et autonomie. La
bonne autonomie n'est que l'ensemble « *des législations
spéciales établies par les pouvoirs réparateurs* (le premier empire et le second empire) *qui ont succédé aux
crises révolutionnaires de la fin du dernier siècle et
du commencement du siècle actuel.* »

C'est ainsi que dans leur apparente sollicitude pour
les colonies, nos adversaires décorent, par un imper-
tinent abus de langage, du nom d'autonomie coloniale,
le système oppressif qui consiste précisément à priver
les colonies de toute liberté, à ne jamais les consulter,
à les empêcher d'émettre leur avis, à leur ôter toute
possibilité de se mêler de leurs affaires, et qui va, dans
sa jalouse et savante tyrannie, jusqu'à leur interdire
même le droit de pétition. Pour justifier ce système,
pour en faire ressortir l'excellence, pour bien montrer
avec quelle efficacité il conserve les colonies, nos
adversaires supposent je ne sais quelles velléités d'indépendance, je ne sais quels ineptes et criminels désirs
de sécession dont les colonies, selon eux, seraient tra-
vaillées, et ils citent, à l'appui de leur thèse, l'exemple
de Haïti et de « *Santo-Domingo.* »

Eh quoi! c'est en soumettant les colonies à un régime
exceptionnel, c'est en les forçant par des législations
spéciales, particulières, tyranniques, à oublier leurs
traditions françaises, à se faire des mœurs à part, à
se créer des intérêts différents de ceux de la France,

c'est en repoussant brutalement leurs vœux, en étouffant leurs aspirations les plus légitimes, c'est en les frustrant même du droit élémentaire qu'on ne conteste à aucune autre parcelle du territoire d'élire pour les affaires locales des conseils municipaux et généraux, et pour les affaires nationales des députés au parlement; en un mot, c'est en les excluant de la vie nationale que nos adversaires prétendent garder les colonies?

De quel étrange aveuglement sont-ils donc le jouet, de ne point voir que les tendances séparatistes qu'ils dénoncent seraient la plus accablante condamnation du système qu'ils préconisent, si elles existaient réellement? Car elles ne pourraient être que le fruit malsain du régime malsain qu'ils ont fait peser pendant de longues années sur ces malheureux petits pays. Mais non, ces tendances n'existent pas. Les mauvais traitements infligés aux colonies par des gouvernements qui d'ailleurs ne traitaient guère mieux la France, n'ont pas réussi à détruire l'inaltérable fidélité des colonies envers la mère-patrie.

Et quant à l'argument tiré de l'histoire de l'île de Saint-Domingue, en saurait-on imaginer un seul que l'on puisse retourner avec plus de justice et avec plus d'avantage contre ceux qui l'ont employé? La situation de Saint-Domingue il y a soixante ans n'a rien de comparable avec la situation actuelle de nos colonies, et, du reste, est-ce pour avoir essayé d'instituer la liberté à Saint-Domingue ou bien pour avoir voulu y rétablir l'esclavage, que le *pouvoir réparateur* du premier Napoléon a perdu du même coup notre plus belle colonie et notre plus glorieuse armée? Le souvenir de cette faute impardonnable revenait souvent à l'esprit de Napoléon dans sa captivité à Sainte-Hélène. « Je me suis laissé tromper, disait-il, j'ai cédé aux criailleries, aux importunités, aux obsessions de quelques vieux colons. » Nos adversaires, qui ne parviennent pas à dissimuler l'âpre et tenace dépit que leur cause encore, après plus de vingt ans, l'abolition de l'esclavage (1), devraient méditer l'histoire de Saint-Domingue. Ils y puiseraient peut-être de profitables enseignements, et se convaincraient que si une révolte devait être un jour possible, c'est justement leur système qui serait propre à la faire éclater.

Mais, nous le répétons, il n'y a entre l'état de cette grande île au commencement du siècle et nos petites colonies d'aujourd'hui aucune ressemblance, et quand même leurs doléances ne seraient pas écoutées, aucune d'elles, aucune, malgré ce déni de justice, ne songerait à se séparer de la France. Et si cette pensée impie venait à germer dans leur cœur, aucune n'aurait le moyen de la mettre à exécution. L'éventualité d'une séparation n'est donc pas à prévoir, quand même nos adversaires parviendraient à obtenir la restauration de leur odieux système. Mais le mécontentement serait inévitable, des agitations dangereuses pourraient survenir, provoquées par l'excès du mal, et, en tout cas, un autre résultat non moins funeste se produirait sûrement : les colonies périraient bientôt; leur ruine, déjà

(1) « *Le partage des biens,* » dit quelque part l'écrivain de la *Liberté,* entendant sans doute par ces mots le partage égal des successions entre les enfants et la création de la petite et de la moyenne propriété, car il n'a jamais été question de communisme aux colonies, « *le partage des biens,* LA LOI HYPOTHÉCAIRE ET DIVERSES AUTRES DISPOSITIONS DU CODE CIVIL, L'AFFRANCHISSEMENT DES ESCLAVES... ONT PORTÉ UN COUP TERRIBLE AUX COLONIES. » — Ceci n'a besoin d'aucun commentaire.

si avancée, ne tarderait pas à être complète et irréparable ; elles deviendraient une charge au lieu d'être un élément de force et de richesse.

Nous ne pouvons pas nous empêcher d'admirer à quel point nos adversaires comptent sur l'inexpérience de leurs lecteurs, quand nous les voyons soutenir qu'il existe entre les populations françaises d'outre-mer et celles du continent des différences si radicales, que la brusque introduction dans un pareil milieu des lois françaises, produirait toutes sortes de maux. A les croire, les colonies seraient peuplées de sauvages parmi lesquels « *quelques anciens et rares colons, hardis fondateurs de la civilisation,* » seraient seuls dignes d'attirer les regards de la métropole. Tout le reste ne serait qu'un ramassis de brutes plongées dans les ténèbres de la barbarie, propres seulement à piocher sous le fouet des commandeurs les terres des anciens colons, et qu'il faut en conséquence livrer aux bons soins de ces hardis fondateurs de civilisation. Ce tableau est de pure fantaisie, et nos adversaires, qui en sont encore au commencement du siècle et pour qui le temps n'a pas marché, nos adversaires, s'ils avaient bien voulu s'informer quelque peu des choses dont ils parlent, auraient dû dire au contraire que les mœurs, les coutumes, l'éducation, la langue, la civilisation aux colonies ne diffèrent pas aujourd'hui de celles de la métropole, et qu'en thèse générale, le code français, le fond de la législation française y est en vigueur depuis un temps immémorial. Mais qu'à la vérité l'empire avait destitué les populations coloniales de l'exercice des droits politiques, les écartant de toute ingérence dans leurs affaires locales et de toute participation aux affaires générales de la nation dont elles sont partie intégrante ; tandis que, d'un autre côté, il maintenait sans contre-poids les pouvoirs sans limites dont les gouverneurs sont investis et conservait pour les colonies une magistrature particulière constituée dans un état d'assujettissement complet à l'administration, ce qui ne compromet pas moins la majesté de la justice que l'intérêt et la sécurité des justiciables. Ils auraient dû dire que les populations créoles, quoique bigarrées de couleur, ne sont pas pour cela si terriblement abominables; que les sentiments qui sont les bases de la société ne sont pas moins développés chez elles que chez aucune autre; que les gens des colonies sont, après tout, des personnes naturelles pas plus dépourvues que d'autres d'intelligence, de bon sens et de moralité, et que bien loin de vivre comme des bêtes, ainsi qu'on a osé les en accuser dans certains journaux, elles tiennent en grand honneur le mariage, la famille, la religion, la propriété; que leurs mœurs sont douces, bienveillantes, polies, non sans une nuance de distinction et de fierté; que le courage, la bravoure, le patriotisme ne leur manquent pas; que leur passion dominante est l'amour de la France; qu'en un mot les colonies sont autant de foyers de civilisation française de bon aloi trop clair-semés, hélas! en dehors du continent européen, mais singulièrement importants et intéressants au point de vue du nom français et de l'influence française dans le monde; et qu'à tous ces titres, les colonies ne sont pas des espèces d'établissement ou d'exploitation, qu'il soit permis d'abandonner à la discrétion de certaines petites catégories d'individus érigées en castes privilégiées, mais qu'elles ont la même dignité et les mêmes droits que toutes les autres fractions du territoire français. Ils auraient pu ajouter enfin que, dans les colonies, l'instruction populaire est peut-être plus répandue qu'en France, et que ces populations, qu'on représente comme indignes et incapables, ont su déployer dans la revendication de leurs droits, tant d'intelligence politique, tant de ferme bon sens, qu'elles avaient fini par vaincre les résistances du gouvernement impérial lui-même. Le gouvernement de la défense nationale n'a fait que leur donner ce que l'empire avait déjà cessé de leur contester.

Nous craignons d'abuser de la patience du lecteur et nous regrettons d'être obligé d'entrer dans de si longs développements. Mais une véritable campagne est organisée contre les colonies, dans la *Liberté* et dans plusieurs autres journaux. Nos adversaires se donnent beaucoup de mouvement. Nous répondons à leurs attaques, nous nous défendons, et on nous pardonnera, nous l'espérons, de vouloir en finir, une fois pour toutes, avec ces sottes banalités qu'on débite sur les colonies, « *la violence du caractère créole, l'incandescence des passions surexcitées par les ardeurs du soleil des tropiques,* » etc., etc. Il faut que l'on sache que ces hommes réputés si inflammables sont gens modérés, pratiques, amis de l'ordre par nature et par tempérament et aussi par raison et parce qu'ils savent que le désordre ne mène à rien de bon ; gens d'affaires et de travail, doués de beaucoup de qualités moyennes, détestant l'exagération en toute chose, pas le moins du monde révolutionnaires et ne pouvant songer, de la distance où ils sont, à renverser le gouvernement de la France, mais résolus à poursuivre avec énergie, avec une infatigable persévérance, comme ils l'ont fait jusqu'à présent, la cessation définitive du système ruineux dont leurs adversaires voudraient obtenir du gouvernement français la restauration et la perpétuelle application aux colonies. Ce système, les colonies n'en veulent décidément pas, parce qu'avec sa prolongation l'existence ne serait plus possible. L'expérience en a été faite, complète, impitoyable, et les colonies savent ce qu'il leur en a coûté. Il leur en a coûté, sans compter les longues souffrances et les dures humiliations de la liberté perdue, — la dilapidation, la désorganisation de leurs finances, le désordre matériel et moral dans toutes les branches du service public, des sources de richesses à jamais taries, et en fin de compte, une dette écrasante et des difficultés pour ainsi dire inextricables.

Pour se relever de la situation presque désespérée où elles ont été conduites par le despotisme, les colonies ont foi dans le retour à des institutions libérales qui leur ont été rendues en partie et dont elles attendent le complément. Nous avons examiné quelques-unes des objections qui leur sont faites. Il en reste d'autres, qu'il importe de réfuter aussi. C'est ce que nous nous proposons d'essayer dans un dernier article, si le lecteur veut bien nous accompagner dans cette étude et nous accorder encore une fois son attention.

13 septembre 1871.

Nous croyons avoir établi que l'assimilation politique des colonies à la métropole, c'est-à-dire la possession et l'exercice des mêmes droits politiques, conséquence naturelle et consécration nécessaire de la similitude de l'état social, bien loin d'être une nouveauté téméraire imaginée par des utopistes, n'était que le retour à des institutions libérales confisquées par l'empire et dont les colonies n'ont jamais cessé de demander la restitution et l'extension. Nos contradicteurs nous objectent, en ennemis jurés qu'ils sont de la liberté, que l'exercice des droits politiques, déjà trop dangereux en France, le serait bien autrement aux colonies, en raison d'une particularité dont ils pensent tirer un argument triomphant. La haine qui existerait, selon eux, entre les diverses fractions de la population coloniale, l'antagonisme des races et des castes, le *préjugé de couleur*, puisqu'il faut l'appeler par son nom, est un empêchement dirimant qui doit entraîner l'abrogation et prévenir la renaissance de toute institution libérale aux colonies. Il serait insensé de déchaîner la liberté au milieu d'éléments si profondément divisés.

Telle est l'argumentation de nos adversaires dans un article où l'on affirme que les habitants des colonies sont entre eux à couteaux tirés et dont tout le contexte démontre que s'il en était réellemont ainsi, c'est la mémoire des iniquités de l'esclavage qu'il faut en accuser. Quel devrait donc être, en l'état, le devoir de la métropole? Essayer de mettre la paix là ou règne la division, faire tomber les armes de toutes les mains en supprimant la cause qui a pu armer les uns contre les autres les blancs, les noirs et les hommes de couleur. La cause, c'était l'esclavage, l'inégalité monstrueuse entre les personnes, celles à peau blanche étant propriétaires de celles à peau noire et ayant le droit de les louer, de les vendre, d'en user et d'en abuser, d'en disposer comme on dispose de choses dont on est propriétaire. Le mal ayant été ainsi produit, le remède se trouve dans la liberté et dans l'éga-

lité. Voilà ce qu'indique le bon sens. Et plus acerbe serait
encore aujourd'hui le vieux levain déposé au fond des
cœurs, plus il faudrait s'appliquer à en effacer jusqu'aux
derniers vestiges; plus nécessaire serait la réforme, plus
large devrait être la liberté; plus stricte, plus scrupuleuse
l'égalité devant la loi.

Mais malgré tout le parti que nous pourrions tirer de la
thèse même de nos adversaires en l'acceptant pour rigou-
reusement exacte, nous devons, par respect de la vérité
et pour l'honneur des populations coloniales, déclarer
que nos adversaires sont tombés dans une exagération manifeste. Sans doute, il existe encore dans
certaines colonies des défiances regrettables entre les
différentes classes de la société. Mais ces défiances, dernier ressouvenir de l'esclavage depuis longtemps aboli,
ne vont pas jusqu'à l'antagonisme, jusqu'à la haine,
comme on le prétend. Complétement dissipées à l'île de
la Réunion (peut-être parce que l'esclavage y fut moins
dnr), elles s'adoucissent tous les jours dans les autres
colonies, d'où elles finiront par disparaître sous le régime
de l'égalité politique. Et la Martinique elle-même, où le
préjugé s'est conservé le plus vivace, n'échappera pas à
ce bienfait. Mais le meilleur moyen de faire naître des
haines là où il n'y en a pas, comme à la Réunion, et de les
ressusciter, de les exaspérer là où elles ne sont plus que
des préjugés bientôt évanouis, comme à la Guadeloupe
et à la Martinique, le vrai moyen de troubler la paix publique aux colonies, ne serait-ce pas précisément la restauration du système qui autrefois a engendré les haines
et les préjugés? Les habitants des colonies sont tous
libres aujourd'hui, et ils jouissent sans acception de
couleur du droit de voter, aux mêmes conditions qui en
règlent l'exercice dans la métropole : être citoyen fran-

çais, avoir l'âge et le domicile voulus par la loi et n'être frappé d'aucune incapacité légale. Venir renverser tout cet édifice, arracher à la population entière l'usage de ses droits parce qu'il semble à quelques ambitieux retors ou à quelques excentriques affolés d'ancien régime que cette confiscation générale des droits de la masse profitera (ce que nous nions absolument) à l'intérêt de la fraction blanche de la population, ne serait-ce pas désigner clairement cette fraction à la jalousie, à la haine de toutes les autres ?

Et quel avantage sérieux le système que nous combattons offre-t-il aux blancs en dédommagement de la désaffection qu'il leur ménage de la part de leurs concitoyens ? Quelle compensation réelle de la perte des droits politiques qu'on leur fait subir aussi à eux-mêmes ? Rien, si ce n'est une trompeuse promesse de protection. La commune servitude qu'on étendra sur tous est nécessaire, ose-t-on dire aux blancs, pour les préserver des empiètements de la race noire. On leur propose de se laisser lier, afin que leurs prétendus antagonistes le soient aussi ; et pour les persuader, on leur donne à entendre qu'à leur égard on sera bon prince et qu'on fera des préférences en leur faveur. Et pour voiler sous une apparence de raison d'État la crudité de cet artifice, on forge je ne sais quelle indécente théorie où l'on attribue aux blancs une débilité ridicule et où l'on fait intervenir l'influence du climat, la genèse et les mélanges des races humaines, les lois économiques et jusqu'à la culture de la betterave.

Le séjour des colonies, écrit-on, est mortel aux blancs, s'ils ont le malheur de travailler, « et comme, en vertu « d'une loi dont les effets sont sûrs quoique lents à se « produire, la propriété du sol finit ordinairement par

« échapper à ceux qui ne le cultivent pas, les blancs se
« trouvent, par la force des choses, dans un état d'infé-
« riorité vis-à-vis des créoles de couleur, et seront ainsi
« fatalement opprimés par le système de l'assimilation,
« c'est-à-dire par l'application à ces pays exceptionnels
« de la législation française... Et si la race blanche, »
ajoute-t-on, « ne trouve dans la législation ni point
« d'appui, ni moyen de résistance, elle se verra peu à
« peu contrainte à abandonner les colonies. » Les moyens
de résistance, les points d'appui demandés, ce sont des
lois d'exception servant à corriger les endroits les plus
vicieux de la législation française, sur lesquels il n'y a
pas à se méprendre : « Le partage des biens, » avoue-t-on,
en effet, « la loi hypothécaire et diverses autres disposi-
« tions du Code civil, l'affranchissement des esclaves, ont
« porté un coup terrible aux colonies. »

Si, comme on l'assure, il est vrai que la population
blanche des Antilles, celle de la Martinique surtout,
aveuglée par le préjugé de couleur, se laisse séduire et
nourrisse l'espoir de ressaisir les anciens priviléges, nous
ne saurions trop déplorer une si funeste abberration.
Nos adversaires communs savent très-bien qu'une telle
entreprise serait chimérique, et, au fond, ce n'est pas de
cela qu'il s'agit, car pour eux, blancs et noirs sont con-
fondus dans une impartiale indifférence. Ce qu'ils rêvent,
sous prétexte de tendresse pour les blancs, et en essayant
de se créer des auxiliaires parmi les blancs, c'est la restauration du régime politique inventé par l'empire, qui
attachant au même joug et les blancs et les noirs, les li-
vrait tous sans défense à l'arbitraire de l'administration.
Ce régime, en réalité, ne protégeait personne. C'était l'égalité dans la servitude. C'était un savant système de com-
pression et d'exploitation générale odieusement hypocrite,
dont tout le monde souffrait, et à part l'administration

et ses amis, véritable oligarchie d'exploiteurs, tout le monde avait intérêt au renversement de ce système. De fait, la réclamation des colonies a toujours été faite, à la Réunion surtout, au nom et avec le concours de toutes les classes de la population, et nulle part elle n'a pris un caractère particulariste, excluant qui que ce soit du bénéfice des réformes demandées à la métropole.

Nous attarderons-nous à réfuter le paradoxe d'après lequel la race blanche serait, par nature, incapable de s'accommoder aux conditions communes, au fonctionnement normal de la vie sociale aux colonies? Mais vraiment, si cela était exact, il faudrait bien accepter la douloureuse mais inévitable conséquence d'une pareille incompatibilité et se résigner à voir les blancs déserter ces climats où les moyens artificiels, même les plus ingénieux, ne sauraient entretenir longtemps leur fragile existence. Car comment espérer la victoire finale sur l'invincible puissance qu'on appelle la force des choses, et comment s'opposer à l'accomplissement d'une loi inéluctable, dont l'effet certain serait, dit-on, d'exclure de la propriété du sol celui qui ne le laboure pas de ses propres mains? Comment demander à la métropole de s'acharner à la poursuite d'un but reconnu irréalisable, et comment pourrait-elle consentir à opprimer, à sacrifier la masse des populations coloniales, pour restaurer temporairement la précaire suprématie d'une minorité? S'il faut rétablir le droit d'aînesse aux colonies en modifiant la loi qui règle le partage des biens, s'il faut délier une certaine catégorie de personnes de leurs engagements envers leurs créanciers en supprimant au profit de cette catégorie les effets de la loi hypothécaire, s'il faut ouvertement ou par des moyens détournés réduire de nouveau en esclavage tous les

créoles de couleur, s'il ·faut tout cela, c'en est fait du
séjour de la race blanche aux colonies.

Mais heurensement, cette fois encore, les assertions de
nos adversaires sont erronées. De toutes les races humaines (ceci est une vérité surabondamment démontrée),
de toutes les races humaines, la blanche est la plus forte,
la plus robuste, la plus résistante, la plus solide, la mieux
pourvue d'énergie physique et morale, celle qui supporte
le mieux les températures les plus extrêmes et qui s'adapte
le mieux aux conditions d'existence les plus disparates,
et tout ce qu'on dit de sa difficulté de s'acclimater aux
pays chauds, de la nécessité pour elle d'y vivre oisive et
d'avoir des esclaves, n'est que lieux communs surannés,
contredits par le fait irrécusable de l'extension chaque
jour croissante de la race blanche à la surface du globe.
Le climat, au surplus, n'est pas ce que l'on croit dans
les colonies auxquelles nos adversaires font plus spécialement allusion, et le travail de la terre n'y est pas plus
dur que dans certaines régions de la France où les journées d'été sont plus longues, plus brûlantes, plus éner-
vantes que dans bien des pays tropicaux. Ces colonies
sont des climats chauds, mais non des climats excessifs,
et l'on n'y voit jamais de ces interminables et mortelles
journées comme il y en a en France, qui commencent à
deux heures du matin et ne sont pas finies à neuf heures
du soir, qu'un implacable soleil embrase, au point que le
thermomètre s'élève à 38 et 40 degrés à l'ombre, et dont
rien ne vient tempérer l'accablante chaleur. Dans nos
colonies, presque toutes montagneuses, les journées sont
rafraîchies par les brises de la mer, les nuits par le
rayonnement nocturne très-puissant sous un ciel d'une
incomparable pureté et par les courants d'air froid qui
des hautes régions de l'intérieur s'écoulent le long des
pentes, et portent leur souffle bienfaisant jusque dans

les régions basses que l'action du soleil a le plus échauf-
fées pendant le jour. On voit vivre côte à côte dans ces
pays toutes les races humaines. Toutes s'y développent,
toutes peuvent s'y livrer à toutes sortes d'occupations, et
de fait, à la Réuniou par exemple, et même dans les
Antilles, à côté de la Martinique et de la Guadeloupe, à
la Jamaïque, à Cuba, les blancs pauvres, ceux qui n'ont
pas d'autre moyen d'existence, comme les paysans et les
ouvriers en Europe, travaillent à la terre aussi bien que
les noirs, et ils ne reculent pas devant d'autres travaux
manuels non moins rudes que ceux de la culture. Pourquoi en serait-il autrement dans les Antilles françaises ?

Sans doute, parmi les Européens qui vont chercher
fortune dans le commerce ou dans l'industrie aux colonies, beaucoup sont incapables de travailler la terre,
qu'ils ne travaillaient pas davantage en Europe, mais les
paysans, les ouvriers, les hommes de peine qui arrivent
aux colonies, y vivent de leur métier, comme ils faisaient
ici, et ne s'en trouvent pas plus mal. Sans doute encore,
parmi les blancs nés aux colonies il en est un grand
nombre qui sont impropres aux travaux des champs.
Mais il en est de même en France, où l'on ne voit pas à
la charrue les rentiers et les gens appartenant aux professions dites libérales. Fait-on cependant, pour ces
personnes-là, d'autres lois que celles qui régissent le
commun des mortels ? — Cette sorte d'incapacité au
surplus, ou de supériorité, comme on voudra, n'est pas
un caractère de race, elle n'est pas l'apanage exclusif des
blancs, elle ne tient pas à la couleur de la peau. C'est
une affaire d'habitude, d'éducation, de position sociale.
Il y a en bien des pays, des hommes de couleur en grand
nombre, et même des noirs qui ayant acquis la fortune
et l'éducation, se sont de père en fils affranchis du travail
manuel et ne s'y remettraient pas plus aisément que les

blancs. On rencontre de ces hommes dans tous les grades de l'armée, dans les emplois publics, administration, magistrature, clergé, dans toutes les professions, et ceux d'entre eux qui sont propriétaires, tout comme les blancs, font faire par d'autres hommes, sans distinction de couleur, le travail de leurs champs ou de leurs ateliers. C'est là du moins ce qui se passe à l'île de la Réunion, où les blancs ne sont nullement inquiets ni choqués de cette parfaite égalité devant la loi et la nature des choses. C'est un fait accompli depuis longtemps, que l'expérience a jugé favorablement, que le progrès des mœurs a consacré et sur lequel il serait moralement et matériellement impossible de revenir. Personne n'y songe, personne ne le désire et personne n'y consentirait, car la population forme un tout réellement homogène, très-uni, où les hommes blancs, noirs et de couleur se confondent, sans haines, sans jalousies les uns contre les autres, étroitement liés, au contraire, par une mutuelle confiance et par une éducation commune et de communs intérêts.

Cette sorte d'idéal que l'île de la Réunion a réalisé, nous persuadera-t-on que les Antilles le répudient? A cette supposition les Antilles ont répondu d'avance. Le mandat qu'elles ont donné à leurs députés ne diffère pas de celui des députés de la Réunion, et les représentants des colonies, parfaitement d'accord sur le fond des choses, aussi bien que dans les détails, plaident une cause identique, réclament les mêmes institutions et sont combattus par les mêmes adversaires.

*\
* *

17 septembre 1871.

L'un des traits de la discussion engagée contre nous
par les adversaires des colonies, c'est le dédain de la
réalité. Pour eux, les faits acquis ne comptent pas.
Perdus dans les nuages d'une métaphysique abstruse,
ils entassent subtilités sur subtilités, embrouillent les
questions les plus simples, tournent le dos à l'évidence
et prédisent l'avenir. Mais du passé et du présent, de
ce qui arrive tous les jours, de la vulgaire expérience,
ils n'ont nul souci. Depuis le mois de novembre 1870
jusqu'en mars 1871 les populations coloniales ont été
appelées au scrutin une fois d'abord, pour l'élection
des députés, puis deux ou trois fois pour le conseil
général, puis autant de fois pour les conseils municipaux, ce qui fait, à cause des options et des ballo-
tages, cinq ou six fois en moins de cinq mois, dans
chacune de nos colonies. L'épreuve est complète et
concluante, apparemment. Qu'a-t-elle donné? Est-il
résulté quelque désordre de cette répétition fréquente,
de cette longue continuité du mouvement électoral?
Quelque inconvénient, quelque acte répréhensible a-t-il
été signalé? Non. Tout s'est passé avec un calme admirable, une régularité parfaite, une sagesse exemplaire.
La paix publique n'a pas été un seul instant troublée
ni même menacée. Les choix, du moins, ont-ils été
mauvais et de nature à dénoter chez les populations
coloniales des tendances subversives, des instincts
inquiétants? Il ne nous appartient pas de répondre à
cette question en ce qui concerne le choix des députés,
mais nous affirmons que pour les conseils généraux

et les conseils municipaux, les choix ont été bons et tels qu'on pouvait les attendre de populations honnêtes et éclairées. Les choix ont, en effet, porté sur des hommes connus et estimés, habitués aux affaires, et ils sont de nature à répondre aux exigences du service, tout en donnant leur place légitime à toutes les nuances de l'opinion publique, à toutes les classes de la société. Tous ces faits sont hors de conteste. Cela n'empêche cependant pas les adversaires des colonies de ressasser d'un ton de prophète de malheur et d'un air épouvanté : « Les colonies ne *sauront* pas faire un bon usage du droit de suffrage (1).

Veuillez, leur répondrons-nous, sortir de l'obscurité où vous vous plaisez. Veuillez ouvrir les yeux à la lumière, et les choses vous apparaîtront alors ce qu'elles sont, dans leur simple réalité.

Ce qui irrite le plus les adversaires des colonies, c'est la députation. Ils se résigneraient à voir nommer les conseils municipaux (mais non pas les conseils généraux) par une espèce de suffrage *restreint et sagement réglementé* auquel on laisserait, s'il le fallait absolument, pour complaire aux badauds, le nom de

(1) Le langage équivoque de nos adversaires a pu faire supposer à quelques personnes que le droit de vote a été conféré aux immigrants indiens, chinois et autres étrangers qui viennent dans les colonies y louer leurs bras. Nous tenons à rassurer les personnes dont la bonne foi a pu être ainsi surprise. Ces étrangers n'ont jamais pris part aux élections et il n'a jamais été question de les y appeler. Les droits politiques sont inhérents à la qualité de citoyen français, et les étrangers, quels qu'ils soient, ne les exercent pas, ne peuvent pas plus les exercer aux colonies qu'en France.

suffrage universel. Mais que les colonies soient représentées au parlement métropolitain, c'est à quoi ils
ne sauraient se résoudre à aucun prix. Et là-dessus
leur passion est si forte, qu'ils en viennent jusqu'à
de misérables attaques personnelles contre les députés
des colonies. Mais laissons cela, et voyons leurs raisons,
s'ils en ont.

D'abord, sous prétexte que l'Assemblée ne s'occupe
pas tous les jours spécialement des colonies, ils s'indi-
gnent que leurs députés prennent une part active à
tous les travaux de l'Assemblée. Mais quelles sont
donc les parcelles du territoire qui soient l'objet de
délibérations quotidiennes particulières? Aucune. En
résulte-t-il que leurs députés doivent se parquer dans
les intérêts de clocher et négliger les affaires générales
de la nation? Nos adversaires, des cimes où ils planent,
perdent de vue que l'Assemblée nationale n'est pas un
conseil départemental ou municipal; 2° ils trouvent
exorbitant qu'un député de colonie, qu'ils ne désignent
pas par son nom, se soit mêlé, notamment, à des
discussions relatives à l'insurrection de Paris. Un peu
de réflexion leur aurait fait comprendre que M. Schœlcher, l'un des membres les plus marquants du parti
républicain, vétéran et martyr de la liberté, colonel
de l'artillerie de la garde nationale pendant le siége,
nommé député par Paris en souvenir de ses services
anciens et récents, et par deux colonies en réconnais-
sance de l'abolition de l'esclavage qui est son œuvre
et son plus grand titre de gloire; un moment de
réflexion, disons-nous, aurait appris à nos adversaires
que M. Schœlcher, en optant pour la Martinique, n'a
pas pour cela abdiqué le droit inaliénable qui appartient
à tout député de s'immiscer à tous les débats qui
s'agitent au sein de l'Assemblée, et que, dans l'espèce,

M. Schœlcher, en raison du respect qu'inspire son caractère et de l'estime générale dont il jouit dans l'Assemblée comme au dehors, n'était pas moins autorisé qu'un autre à aborder une question de si haute gravité (1); 3° ils s'ébahissent qu'un jour, les deux députés de la Martinique aient voté dans un sens différent, sur la loi départementale. Rien que cela, disent-ils, démontre que les colonies ne doivent pas être représentées au parlement métropolitain. Toujours, toujours l'ignorance ou la négligence des détails les plus élémentaires. Où donc ces messieurs ont-ils pris que tous les députés d'un collége électoral soient obligés de penser et de voter de la même manière? Ne voit-on pas des députés venus d'une localité quelconque siéger les uns à droite, les autres à gauche de l'Assemblée, et mettre dans l'urne, les uns des bulletins blancs, les autres des bulletins bleus? Quelqu'un s'en est-il jamais étonné? Supprimera-t-on ces députations? Ce serait supprimer la représentation nationale tout entière. Ah! sans doute, c'est cela que rêvent nos adversaires, quand ils ajoutent qu'il faut revenir aux sénatus-consultes de 1854 et de 1866. Les sénatus-

---

(1) L'Assemblée vient de nommer le même député de colonie membre de la commission chargée d'examiner le projet de loi relatif à l'organisation du Conseil général du département de la Seine, et un autre, membre de la Commission de permanence.

N. B. — Sans parler de diverses commissions importantes dont plusieurs députés des colonies ont fait partie ou font encore partie, commissions de la marine, d'initiative parlementaire, de révision des décrets du Gouvernement de la Défense nationale, de la presse, etc., nous demandons à nos adversaires, s'il est indifférent pour les colonies de voir deux de leurs députés dans la commission des *sucres* et cinq dans la commission relative au régime forestier de l'île de la Réunion?

consultes ne vont pas sans un Sénat et un Sénat sans un empereur ! Après tout, à quoi bon des députés aux colonies ? « Leur mandat ne sera qu'une sinécure qui « ne profitera qu'à la vanité. Tout petit prince a des « ambassadeurs. Vanité pour les électeurs, vanité pour « les élus ; avoir des représentants tout comme les « autres parties du territoire français, siéger au parle-« ment métropolitain, quel honneur ! »

Enfin, pour une fois, messieurs, mais sur le dernier point seulement, vous avez raison. Oui, siéger au parlement métropolitain, être investi de la confiance de ses concitoyens, avoir reçu d'eux un pareil témoignage d'estime, c'est un grand, c'est un insigne honneur. Et si par aventure cet honneur vous était échu, le dédaigneriez-vous ? Hélas ! si les députés des colonies sont par surcroît honorés de vos railleries et de vos attaques, c'est peut-être parce que, bien loin de faire de leur mandat une sinécure, ils le prennent au sérieux et s'efforcent d'y rester constamment et complétement fidèles. Oui, encore un coup, nous vous accordons bien volontiers que pour notre humble personne, siéger au parlement est un honneur qui dépasse nos mérites et qui n'a d'égal que notre dévouement au pays. Mais pour notre pays, pour nos électeurs, ce n'est pas une vanité d'avoir des représentants comme en ont tous les autres Français. Ce n'est pas non plus un honneur. C'est l'exercice d'un droit sacré dont il n'ont pu être momentanément dépouillés que par la violence, c'est la sauvegarde de leur sécurité, de leurs intérêts, qui ne doivent, pas plus que ceux des autres Français, être abandonnés à l'arbitraire, aux caprices, à la cupidité d'une bande d'exploiteurs. Comment ! toutes les lois qui régissent les colonies (dans votre prétendu système d'autonomie restrictive encore plus que dans notre large institution libérale) partent de la métropole, et vous ne voulez pas qu'elles y soient représentées. Sont-elles moins intéressées que les autres parties du territoire à la prospérité de la nation inséparable de la bonne gestion des finances publiques? La France d'outre-mer a-t-elle moins besoin que la France continentale d'une bonne et forte organisation judiciaire, d'une magistrature respectée, et les Français d'outre-mer n'ont-ils pas les mêmes droits à voir la justice bien administrée? Les questions de paix ou de guerre les touchent-elles moins directement, eux que le moindre trouble des relations commerciales peut ruiner et qu'un aviso à vapeur en croisière sur leurs côtes peut affamer? Ont-ils moins de souci du haut rang que la France doit occuper dans le monde? Sont-ils moins accessibles au sentiment de l'honneur national? N'ont-ils pas partagé le deuil de la nation, leurs cœurs sont-ils restés fermés à la douleur de nos désastres, et ont-ils mérité d'être retranchés de la patrie, eux qui ont donné, par tous les moyens en leur pouvoir, les preuves les plus effectives, les plus touchants témoignages de leur fidélité à la France?

Tous les avantages de l'assimilation politique ne sont rien, prétendent nos adversaires, car, par « *une nécessité de logique,* » elle ôte aux colonies la faculté de s'occuper de leurs intérêts locaux, et c'est là un terrible dommage, que *l'autonomie* seule peut réparer.

Il est pénible, vraiment, d'être obligé de réfuter de pareilles énormités. C'est une longue besogne et ennuyeuse à la fin, de suivre pied à pied des adversaires auxquels on est obligé de rappeler à chaque instant qu'ils dénaturent le sens des mots. Ils ont un langage à eux, les contradictions flagrantes dans lesquelles ils tombent à tout moment ne les déconcertent pas, ils vont leur train, et ils espèrent, avec leur mot d'autonomie, tromper le public et faire croire qu'ils sont les amis de la liberté aux colonies. Ils faut en finir avec cette équivoque insupportable.

Gouverneur avec pouvoir discrétionnaire, non défini, illimité, dépassant au delà de toute idée le pouvoir du chef de l'État en France. En France, ni le roi, ni l'empereur, ni le président de la République n'a le droit de faire empoigner un citoyen et de le déporter sans jugement. Les gouverneurs de colonie ont ce droit, et tout récemment l'un d'eux a donné le scandale d'en user. — Magistrature amovible, asservie, dépourvue de toute garantie vis-à-vis du pouvoir. — Presse bâillonnée. — Aucune voix dans la représentation nationale. — Pas de représentation locale : au lieu de conseils élus par la population, commissions administratives. Le gouverneur nommait le maire ; le maire présentait au gouverneur une liste composée de ses beaux-frères, oncles, neveux, cousins germains et amis intimes ; le gouverneur acceptait toute la liste, et le conseil municipal était ainsi institué. Son premier soin était de voter, sous la rubrique de frais de représentation, des appointements au maire, huit, dix, douze et même quinze mille francs par an. Pour le conseil général, c'était un peu plus compliqué. Le gouverneur ne nommait directement que la moitié des membres, soit 12 sur 24, parmi lesquels le président du tribunal, magistrat amovible ; un conseiller à la Cour impériale, autre magistrat amovible (quelquefois c'est un ex-avocat du gouvernement), l'avocat du gouvernement, l'avoué du gouvernement, etc., etc. Les douze autres conseillers généraux non nommés par le gouverneur l'étaient par les conseils municipaux nommés, eux, qu'on ne l'ou-

blie pas, par le gouverneur *sur la présentation du maire,*
et chaque conseil municipal que le bon sens populaire avait
baptisé du nom de *conseil de famille,* envoyait au conseil
général son auteur, déjà nommé maire par le gouverneur. Dans ce mécanisme, quelle place restait pour
une liberté quelconque, municipale ou individuelle?
Quelle action était laissée au pays sur ses propres
affaires? Aucune, aucune! et il n'est pas question de
faire autrement dans la restauration demandée du même
système, et voici comment raisonnent nos adversaires.
Le gouvernement impérial, dans le naufrage conduit par
lui de toutes nos libertés, « n'avait pas jugé conve-
nable » de laisser survivre aux colonies la liberté de
la presse. De son côté, le Gouvernement de la Défense
nationale, au milieu des soins immenses auxquels il avait
à pourvoir, a omis de rendre cette liberté aux colonies.
Il y a dans l'acte volontairement spoliateur de l'empire
et dans l'omission involontaire du Gouvernement de la
Défense nationale une reconnaissance implicite « *que*
« *le maintien d'un pouvoir préventif et discrétionnaire*
« *est nécessaire. Deux gouvernements de principes bien*
« *opposés ont reconnu cette nécessité,* c'est une question
« jugée : les colonies ne sont pas mûres pour la liberté
« de la presse. Mais, ainsi qu'on l'a proclamé de haut
« et souvent, toutes les libertés sont solidaires entre
« elles, et, dès lors, comment a-t-on pu concéder le droit
« de suffrage aux colonies? » Les libertés, c'est un bloc
solide, compact, indivisible, et comme il n'est pas possible d'en détacher un fragment pour les colonies, il
s'ensuit qu'elles doivent se passer de toute liberté et
se voir de nouveau écrasées « sous les bases essentielles
« posées dans les sénatus-consultes de 1854 et de 1866. »
Il s'ensuit qu'elles doivent être pour l'éternité gou-
vernées et traitées comme des *pachalichs* radicalement
soustraits à l'œil de la métropole. Il faut que, par aucun
moyen, elles ne puissent attirer sur elles l'attention du

public français, ni de l'Assemblée nationale. Il faut étouffer leurs voix pour que leurs doléances ne soient pas entendues et les envelopper d'une impénétrable obscurité qui empêche la France de voir ce qui s'y passe !

Voilà l'autonomie telle que l'entendent nos adversaires, et ce régime existerait peut-être encore en entier, si M. Jules Simon, notre premier défenseur, n'avait pris en mains notre cause et n'avait (service que les colonies n'oublieront jamais), commencé en 1868 la démolition du régime impérial aux colonies. Ce régime était bien une autonomie absolue, en effet, et sans frein, mais dans laquelle ce n'était pas la colonie, mais l'administration qui était autonome et autocrate. C'était le système du dérèglement, du caprice et du dévergondage administratif; l'administration, assurée de l'impunité, pouvait librement se permettre les abus les plus inimaginables, faire tout ce qu'elle voulait, elle était *autonome* dans le sens littéral du mot. Quand nos adversaires parlent d'autonomie coloniale, ils se gardent bien d'expliquer cette légère particularité, nécessaire cependant, pour l'édification du lecteur. Mais ils font grand bruit des attributions soi-disant très-larges des prétendus conseils locaux dont nous avons fait connaître la composition. Comme si ces attributions n'avaient pas été ordonnées avec un art merveilleux pour servir uniquement à couvrir les actes de l'administration et comme si les attributions des vrais conseils généraux et municipaux, représentants légitimes de la population, avaient été ou devaient être amoindries par les institutions libérales que le Gouvernement de la Défense nationale a en partie rendues aux colonies et que le ministère actuel est en voie d'agrandir et de consolider.

Nous voilà arrivé au terme que nous nous étions imposé. Nous avons, croyons-nous, répondu à toutes les objections que nos adversaires ont accumulées contre le programme des réformes coloniales. Ce programme, développé par les députés des colonies et résumé dans cette formule : « Assimilation politique à la mère-patrie, dé-« centralisation administrative, large, libérale, féconde, » a été adopté par la commission de la marine, et le projet actuellement élaboré à la direction des colonies, sans le remplir entièrement, y est du moins conforme. Les colonies peuvent donc être rassurées, et malgré les attaques de leurs adversaires, ce qu'elles ont déjà acquis n'est pas menacé, elles le conserveront, et il y sera ajouté d'autres améliorations. Graduellement disparaîtra le régime néfaste qu'un aveu échappé à ses partisans achève de juger. «Avec notre système, » s'écrient-ils, dans un enthousiasme comique, « *il sera toujours vrai de dire : tant vaut le gouverneur, tant vaut la colonie!* » Et ils font une interminable énumération des qualités, sciences et vertus dont le gouverneur doit être nanti, « lesquelles ne peu-« vent être obtenues qu'à l'aide d'études variées » (à l'infini!) « et par l'universalité des tendances de son « esprit. »

Oui, si les gouverneurs pouvaient être des demi-dieux, que dis-je? de vrais dieux, des monstres de perfection, les colonies seraient de véritables cités célestes, et au lieu de lamentations arrachées par la souffrance, les oreilles ne seraient charmées que par des concerts de louange et des chants d'allégresse. Mais si le gouverneur n'est qu'un homme, et si cet homme est médiocre, s'il est ignorant, s'il est mauvais, s'il n'est seulement que faible et mal entouré, que sera l'infortunée, la malheureuse colonie?

Nos adversaires terminent leur diatribe par un appel à M. l'amiral Pothuau, ministre de la marine et des colonies. Ils ont confiance en lui « parce qu'il est créole et que personne ne peut se flatter de connaître et de servir mieux les intérêts des colonies que leurs propres enfants. » Nous aussi, nous sommes créoles, et nous aussi, nous avons confiance en M. l'amiral Pothuau. Sa loyauté, sa haute raison, son libéralisme, son caractère si justement respecté, nous sont connus et ne laissent à personne le droit de douter de ses promesses. C'est parce qu'il est comme nous enfant des colonies, et c'est surtout parce qu'il est homme juste qu'il ne veut pas plus que nous permettre qu'on traite en parias, comme on le lui demande, une partie de ses compatriotes. Il ne voudra pas river les colonies au joug et perpétuer le régime néfaste qui les faisait périr. Il ne prêtera la main ni aux sourdes menées, ni aux manœuvres ouvertes tentées contre les colonies.

DE MAHY,
Député de l'île de la Réunion.

*
* *

P.-S. — Une intéressante brochure que M. Menche de Loisne, le dernier gouverneur de la Martinique nommé par le gouvernement impérial, vient de faire paraître (1), apporte de nouveaux

---

(1) INSURRECTION DE LA MARTINIQUE, par Ch. Menche de Loisne, ex-gouverneur de la Martinique. — Paris, Dentu, galerie d'Orléans, Palais-Royal, 1871.

arguments en faveur du maintien et de l'extension des institutions libérales aux colonies. M. de Loisne fait le récit d'une insurrection qui a éclaté à la Martinique dans la partie sud de l'île, en septembre 1870. Cette insurrection a été rapidement réprimée, bien que M. de Loisne n'ait pu mettre en campagne que deux cent dix soldats et quelques gendarmes sur un total de sept cent dix hommes de troupes de toutes armes, de terre et de mer, qui se trouvaient en ce moment dans la colonie ou sur les bâtiments de l'État en rade. Mais ses habiles et énergiques mesures furent puissamment aidées par le concours de la population, sans distinction de castes. M. de Loisne, en de nombreux passages de sa brochure, rend hommage à la sagesse, à la résolution, au patriotisme de la population martiniquaise, et plus particulièrement des hommes de couleur, dont l'attitude fut admirable, selon le témoignage même de M. le gouverneur.

M. de Loisne déclare « qu'*aucune raison politique n'entraînait les insurgés*. » Il nous les dépeint pour la plupart comme des gens sans aveu, plongés dans une ignorance profonde, imbus de superstitions étranges, possédés d'une haine aveugle contre les blancs et agités de ces mauvais instincts « *qu'on retrouve dans les bas-fonds de toute société*. » Des meneurs les avaient poussés à la révolte en exploitant avec perfidie une vaine menace sottement lancée, du rétablissement de l'esclavage, et un autre grief, d'ailleurs plus réel, puisé dans une condamnation judiciaire prononcée quelque temps auparavant, condamnation qui avait été généralement blâmée et trouvée « *excessive* (1), » même par le pouvoir local et par le pouvoir métropolitain. Ces meneurs, voyant la France aux prises avec l'Allemagne et se faisant un auxiliaire de nos désastres, avaient cru l'occasion propice pour fomenter des désordres, piller, incendier et exercer des vengeances. Mais il ressort clairement du récit de M. de Loisne que les passions dangereuses qui les animaient, la haine des

(1) Page 3.

blancs notamment, n'étaient partagées que par la lie de la population ; et, en regard des atrocités commises par ces révoltés
non moins stupides que criminels, l'impartial narrateur constate
des actes de sublime dévouement de la part de la population
noire, en immense majorité restée fidèle. Une bande ayant en-
vahi l'habitation d'un planteur et demandant le propriétaire,
« un nègre, Georges, sortit et déclara, ce qui était la vérité, que
« son maître et sa famille s'étaient sauvés il y avait déjà quel-
« ques heures. Les insurgés voulurent néanmoins pénétrer dans
« l'intérieur de l'habitation. Ils invitèrent le nègre à leur ouvrir
« et à les laisser passer, le menaçant de mort s'il n'obéissait
« pas. Celui-ci répondit que son maître lui ayant ordonné de
« rester et de garder la maison, rien ne l'empêcherait de faire
« son devoir. Couché en joue par ceux qui étaient à la tête de la
« bande, il répéta qu'on pouvait le tuer, mais qu'on ne passerait
« que sur son corps. Plusieurs coups de feu retentirent alors, et
« le malheureux noir tomba mort, victime de son héroïque fidé-
« lité. — Un autre noir, Tony, cultivateur, se fit également tuer
« dans des circonstances analogues. Beaucoup de serviteurs
« montrèrent, au péril de leur vie, le même attachement à leurs
« maîtres (1). »

Ne pouvant disposer que de forces insuffisantes, M. de Loisne
ordonna de lever des « compagnies formées de *toutes les races;*
« car il importait par dessus tout de ne pas les composer exclu-
« sivement de blancs, ce qui eût ravivé l'antagonisme et même
« les haines de races, et peut-être changé le caractère de la
« lutte. M. Dupré, agent principal de la Compagnie Transatlan-
« tique, se présenta *avec les hommes et les femmes mulâtres et*
« *noirs* attachés aux paquebots, et fut envoyé à la Rivière Salée
« et au Saint-Esprit, au nord de la Rivière-Pilote (2). »

(1) Page 8.
(2) Page 19.

C'est là que la révolte avait éclaté.

D'autres compagnies de volontaires de toutes races furent successivement expédiées sur le théâtre de la révolte.

« La garnison de Saint-Pierre, quoique très-faible, ne fut pas
« augmentée. Le bon esprit des habitants y répondait de l'or-
« dre (1).......Il existait dans l'arsenal des munitions en abon-
« dance et deux mille fusils ; huit cents environ avaient déjà été
« distribués aux volontaires. Le gouverneur n'hésita pas à pro-
« voquer la formation de nouvelles compagnies de volontaires
« dans toutes les communes de la colonie, et il prescrivit au
« commandant du *Talisman* d'embarquer mille fusils et des mu-
« nitions pour les remettre aux maires. M. de Loisne, en déci-
« dant cet armement, avait voulu prouver aux populations de
« couleur qu'il avait confiance en elles. *Cette confiance fut plei-*
« *nement justifiée.* L'insurrection resta localisée dans le sud de
« l'île (2). »

Trois ordres de faits sont mis en lumière et établis d'une manière péremptoire, indiscutable, par M. Menche de Loisne :

1° L'excellence de la population martiniquaise ;

2° La condamnation définitive du régime sous lequel vivaient, ou, pour mieux dire, se mouraient alors les colonies ;

3° La nécessité d'une complète réforme.

(1) Page 20.
(2) Page 23.

L'honorable gouverneur, sans se départir de la circonspection et de la modération de langage que commandait le caractère quasi-officiel de sa publication, ne dissimule pourtant pas le mécontentement causé par un mauvais régime politique et le peu de confiance de la population dans l'impartialité de la magistrature, et il termine son travail en adjurant ceux qui ont charge d'âmes aux colonies, « *les gouverneurs, les chefs d'administra-tration,* » « de faire prévaloir partout ces saines notions d'*ordre*, « de TRAVAIL, de LIBERTÉ et de *JUSTICE*, fondement de « toute société, qui peuvent seules assurer le repos et accroître « la prospérité de notre belle et précieuse colonie de la Marti-« nique (1). »

« J'ai répondu, » dit autre part M. le gouverneur, « j'ai ré-« pondu du bon esprit de toutes les populations de la Martinique, « que j'aime, et je ne souffrirai pas que des attentats comme « ceux qui viennent d'avoir lieu protestent contre la parole que « j'ai donnée et perdent la cause de la liberté politique de la co-« lonie, que je défends. L'état de siége sera proclamé dans toutes « les communes où des désordres se produiraient.

« *Fort-de-France, le 23 septembre 1870.*

« LE GOUVERNEUR : DE LOISNE (2). »

« Pour se rendre compte de l'effet que cette proclamation pro-« duisit dans les grandes villes, » ajoute M. de Loisne, « il est « nécessaire de rappeler la constitution qui régissait alors les « colonies. Le conseil général était composé par moitié de mem-« bres nommés par le gouverneur et de membres élus par les

(1) Pages 37 et 38.
(2) Pages 12 et 13. *Proclamation aux habitants de l'île.*

« conseils municipaux. Mais ces derniers étaient directement
« nommés par le chef de la colonie. Lorsque M. de Loisne avait
« été appelé au gouvernement de la Martinique (sous l'em-
« pire), la métropole songeait à accorder à nos possessions
« d'outre-mer le régime électif et le suffrage universel. A la
« Martinique, une fraction de la race blanche, les mulâtres et les
« noirs réclamaient vivement cette réforme. *La République ferait*
« *sans nul doute ce que l'empire n'avait pas eu le temps d'ac-*
« *complir ;* mais il était à craindre que si l'insurrection se pro-
« longeait ou s'aggravait, les libertés promises ne fussent défi-
« nitivement ajournées. Le langage du gouverneur fut donc
« compris, et les populations des villes, principalement de Saint-
« Pierre et de Fort-de-France, se déclarèrent fort énergiquement
« contre le mouvement insurrectionnel (1). »

Cette insurrection a coûté à la Martinique un certain nombre
d'habitations et de maisons incendiées et pillées dans la campagne, et vingt-trois personnes tuées, dont quatre parmi les dé-
fenseurs de l'ordre, deux blancs et deux noirs, deux de ces
hommes attachés au devoir jusqu'à la mort, comme il n'est pas
rare d'en rencontrer chez cette race noire, si aimante et douée
de tant de vrai courage et d'abnégation. Parmi les insurgés, dix-
neuf hommes payèrent de leur vie leur coupable tentative, sans
compter ce qui a pu être tué après le combat, car « des repré-
« sailles, qui eussent été légitimes si elles pouvaient jamais
« l'être, s'exerçaient déjà. » Une amnistie proclamée en faveur
de ceux « qui, ayant fait partie des bandes révoltées, n'étaient
« cependant ni assassins, ni incendiaires, ni chefs de bande »
(lesquels furent déférés plus tard aux conseils de guerre), mit fin
à toute hostilité de part et d'autre. « Cet acte d'amnistie, » dit
M. de Loisne, « avait été dicté non-seulement par un sentiment
« d'humanité, mais par un grand intérêt politique. »

(1) Page 13.

Et la tranquillité renaquit immédtatement, le travail reprit de toutes parts, tout rentra dans l'ordre (1).

« Le 30 septembre, le gouverneur annonça en ces termes la « victoire » (2) (page 27) :

« Habitants de la Martinique, quelques jours ont suffi pour
« dissiper et anéantir ces bandes criminelles qui n'ont pas plus
« respecté l'humble case du pauvre que l'habitation du planteur.
« Ce résultat si heureux et si rapidement obtenu est dû à l'in-
« telligence, à l'activité, au dévouement des commandants supé-
« rieurs du centre et du sud et des chefs des détachements de
« volontaires, de matelots et de troupes. Il est également dû au
« patriotisme des villes de Saint-Pierre et de Fort-de-France,
« au courage des volontaires, des marins, des gendarmes et des
« soldats, et au concours de *toutes les populations*. Au nom de
« la France et de la Martinique, je vous remercie. Habitants de
« la Martinique, il me reste encore un devoir à remplir, c'est de
« vous exprimer ma vive reconnaissance pour la confiance qu'en
« ces temps difficiles vous avez tous mise en moi. J'espère en
« être et en rester digne.

« *Le Gouverneur* : DE LOISNE (3). »

(1) Parmi les insurgés jugés par les conseils de guerre, cinq ont été depuis condamnés à mort et fusillés.

(2) Nous n'avons pas besoin de dire que les passages guillemettés ne sont pas analysés, mais simplement copiés, pris à la lettre dans la brochure. Nous nous sommes permis seulement de souligner les passages sur lesquels nous désirons attirer plus particulièrement l'attention.

(3) Page 28.

Eh quoi! c'est là cette population de la Martinique qu'on nous représentait comme sauvage et comme une éternelle pierre d'achoppement à toute tentative de réforme coloniale? Grâces au ciel, la voilà complétement et officiellement réhabilitée. Que de preuves de sagesse, de patriotisme, de maturité politique et d'imperturbable bon sens n'a-t-elle pas su donner dans les graves conjonctures que raconte M. de Loisne? Des misérables sans scrupules, pleins d'audace, s'ingèrent de la soulever, et ils choisissent avec une infernale malice le moment où la France est accablée, où toute répression semble impossible. L'heure est favorable, le milieu semble l'être aussi ; car, à quoi ne pourront pas se porter des populations aigries par de longues souffrances? Tout ce calcul, si habile à première vue, avait un défaut : c'était de compter sans la fidélité proverbiale des colons à la mère-patrie. En effet, les excitations au désordre ne trouvent d'écho que dans une minorité infime par la situation et par le nombre ; les meneurs ne réussissent à entraîner que des scélérats vulgaires ou des malheureux abrutis par l'ignorance, tels qu'on en rencontre « *dans les bas-fonds de toutes les sociétés.* » Et dans la croisade qu'ils entreprennent contre la race blanche, celle-ci est protégée et sauvée précisément par les races de couleur qui se groupent autour d'elle et font cause commune avec elle. Certes, on pourrait offrir en exemple à plus d'une nation en Europe, et à plus d'un gouvernement, et l'habileté du gouverneur de la Martinique s'appuyant sur la population, et l'admirable conduite de cette population, oubliant ses rivalités de classes et ses griefs et réduisant à l'impuissance une insurrection qui a surpris à l'improviste le pouvoir désarmé. Mais n'insistons pas, et bornons-nous à faire remarquer combien sont injurieux les doutes que certaines personnes ont osé émettre sur la fidélité de cette même population envers la mère-patrie.

Cette fidélité à la France, dont M. de Loisne a été le témoin, n'a rien qui doive étonner. Elle est toute simple et naturelle. Ce n'est, après tout, que la fidélité à soi-même, car les colonies son

françaises , et quelques souffrances qu'elles aient endurées du fait de l'empire, elles ne désirent pas plus que la Bretagne ou le Berri se séparer de la nation pour se soumettre à des bandits ou s'annexer à une puissance voisine. Mais M. de Loisne, qui sait ce qu'a été le régime impérial aux colonies, semble se demander comment la fidélité des créoles de la Martinique a pu être assez robuste pour résister à un pareil régime, et il se l'explique par l'espoir d'une réforme attendue. « L'espoir des libertés politi-
« ques qui avaient été promises par la métropole et demandées
« par le gouverneur, a dû contribuer, » dit-il, « à maintenir dans
« des sentiments d'ordre et de fidélité les races de couleur des
« grandes villes qui firent, comme nons l'avons dit, *cause com-*
« *mune avec la race blanche*, ET LE SUFFRAGE UNIVERSEL PUT
« ÊTRE INAUGURÉ DANS TOUTE L'ÎLE QUELQUES MOIS PLUS TARD,
« SANS QUE NULLE PART LA MOINDRE AGITATION NE SE PRO-
« DUISÎT (1). »

Après un témoignage aussi considérab'e, les adversaires des colonies et de la liberté viendront-ils encore dire que c'est l'application du suffrage universel qui a produit les malheurs de la Martinique? Ces événements ont eu lieu en septembre 1870, et c'est en janvier 1871 que le décret du 3 décembre 1870 accordant le suffrage universel aux colonies a été promulgué à la Martinique.

« La Martinique n'a plus à redouter de voir éclater aucune
« nouvelle insurrection ni même aucun désordre sérieux, » dit M. de Loisne en terminant. « Il serait cependant puéril de pré-
« tendre que l'antagonisme déplorable qui divisait les diverses
« races n'existe plus. Mais les passions et les préjugés qui l'a-

(1) Page 36.

« vaient fait naître autrefois ne sont plus de notre époque, ils
« n'ont plus de raison d'être, et il est permis d'espérer qu'ils dis-
« paraîtront tout à fait. La conciliation, le rapprochement des
« races s'opère par degré, comme il s'est déjà opéré à la Gua-
« deloupe et à la Réunion. De bons esprits y travaillent de toutes
« parts (1). »

Tout commentaire affaiblirait ces paroles vraiment sages et
politiques. Nous n'ajouterons qu'un mot : c'est que la restauration ou le maintien des mauvaises institutions entraverait et
rendrait stérile tout le travail des bons esprits.

(1) Page 37.